THE
NATIONAL ART INSTITUTE
TEACHING ACHIEVEMENT
COMPARISON AND RESEARCH
Art Design XI

美 术 设 计 篇 ⑪

全国艺术院校教学成果比较与研修

陈祥杰 等 编著

辽宁美术出版社

图书在版编目（ＣＩＰ）数据

全国艺术院校教学成果比较与研修．美术设计篇．11 /
陈祥杰等编著．-- 沈阳：辽宁美术出版社，2016.5
　　ISBN 978-7-5314-7205-6

　　Ⅰ．①全… Ⅱ．①陈… Ⅲ．①美术-设计-教学研究-
高等学校 Ⅳ．①J-4

中国版本图书馆CIP数据核字（2016）第042097号

出 版 者：辽宁美术出版社
地　　　址：沈阳市和平区民族北街29号　邮编：110001
发 行 者：辽宁美术出版社
印 刷 者：沈阳绿洲印刷有限公司
开　　　本：889mm×1194mm　1/16
印　　　张：9.5
字　　　数：110千字
出版时间：2016年6月第1版
印刷时间：2016年6月第1次印刷
责任编辑：童迎强　彭伟哲
装帧设计：童迎强
责任校对：李　昂
ISBN 978-7-5314-7205-6
定　　　价：160.00元

邮购部电话：024-83833008
E-mail：lnmscbs@163.com
http：//www.lnmscbs.com
图书如有印装质量问题请与出版部联系调换
出版部电话：024-23835227

Contents
总目录

美术教育改革是我国目前创新体系建设中极为重要的组成部分，艺术对于创新体系发展来说具有基础性的作用。国家的发展创新体系需要美术教育培养出更多具有创新意识和创造能力的人才。只有拥有创新能力强的人才，才能拥有繁荣昌盛的经济产业链。

美术学科必须注重成果转化，走教学、科研、开发一体化之路。美术学科作为应用学科要想得到更大的发展，必须与社会发展、与经济生活紧密对接，无论哪种专业，如果得不到实践的检验，都不是完整意义上的教育，学以致用，才是美术教育的终极目的。

教育是一种有目标、有计划的文化传递方式，它所完成的任务有两个方面：一是要传递知识和技能；二是使接受教育者身心状态得以提升，进而使接受教育者在为社会创造财富的同时实现自身价值。

序

然而，长期以来，我们的美术教育模式一直未能跟上时代发展的步伐，各类高等院校在培养美术人才方面一直未能找到理论与实践、知识与技能、技能与市场、艺术与科技等方面的交汇点，先行一步的大家已经在探索一条新的更为有效的教育方法，在他们对以往的教育模式进行梳理、分析、整合的过程中，我们辽宁美术出版社不失时机地将这些深刻的论述和生动的成果集结成册，推出了一系列具有前沿性、教研性和实践性且体系完备的美术基础教学研究与应用系列丛书。

本丛书最大的特点是理论联系实际，深入浅出地讲解，并集结了大量的中外经典美术作品，可以说，是为立志走美术之路的学子量身定制的专业图书，并通过此套图书给各艺术院校提供了广泛的学术交流平台。

Preface

The reform of fine arts education is a crucial part of China's ongoing construction of the innovation system for art plays a fundamental role in the development of the innovation system. China's development and innovation system require fine arts education to cultivate more talents who have innovation awareness and creative ability. A prosperous economic industrial chain is premised on highly innovative talents.

Fine art disciplines must pay attention to the integration of teaching, research, and development. As applied disciplines, fine arts disciplines must be closely linked to social development and economic life to get ahead, whichever specialty, if without being tested by practice, does not constitute a complete education. The ultimate goal of fine arts education is helping one use what one has learned.

Education is a purposive and planned way of transmitting cultures, and the tasks it take are two-fold: First, imparting knowledge and skills; second, improving mind and body of the educatees and then helping them actualize their self-value while creating wealth for the society.

However, our model of fine arts education has fallen behind the times for a long time, various institutions of higher learning have not founded the convergence of theory and practice, knowledge and skills, skills and market, art and technology. Whereas pioneer masters have been exploring new and more effective ways of educating. When they are systemizing, analyzing, and integrating previous educational modes, Liaoning Fine Arts Publishing House loses no time to compile their sophisticated discourses and energetic results into books, launching a series of cutting-edge, academic, practical, and perfectly systematic books on teaching research and application for fine arts.

The greatest feature of this series is that it combines theory with practice, explains the profound in simple terms, and includes a number of classic works of art home and abroad. So to speak, they are specialized books tailored for students who aspire to be an artist and they provide a broad academic exchange platform for art academies.

the national

ART INSTITUTE TEACHING ACHIEVEMENT COMPARISON AND RESEARCH

01

湖南涉外经济学院艺术设计学院教师作品集

陈祥杰　陈　明　编著

前　言

十六年前，几位刚刚走出大学校门的文艺青年，来到了刚诞生的民办学校——湖南涉外经济职业技术学院，在一座充满诗情画意的小四合院里开始了艺术设计专业的创办，从几位教师、几十名学生发展到今天 134 余名教职员工，近 2600 名学生，6 个本科专业的规模。湖南涉外经济学院走过了一条艰苦卓绝的道路，于 2005 年升格为普通本科院校，并连续 6 年名列全国民办高校的前列，2009 年成为全球劳瑞德教育联盟亚洲区的主要成员。

在十几年的办学历程中，先后聚集了全省美术教育阵营中的领袖精英，有黄珂、张月明、李儒光等老一代知名美术教育家，也吸引了众多中青年艺术家的加盟，更为可喜的是，自身培养了一批在省内外具有一定影响力的青年艺术家。今天，这支朝气蓬勃的教学与创作团队，一直坚守艺术阵地，创作出一批又一批艺术新作，多次问鼎全国性美术大展，先后获得第八、第九届全国美术作品展银奖、铜奖、优秀奖，获得全国第九届水彩水粉画展银奖，并多次入选全国性美术展览和艺术设计大赛作品展。

编辑出版一部反映湖南涉外经济学院艺术设计学院办学水平的教师作品集是多年的夙愿。作为一所综合实力名列全国前列的民办高校，学校一直注重（秉承）至善至美的办学理念，注重师资队伍建设，把多出精品力作、培育特色、创立品牌作为主要奋斗目标。在学校董事会的大力支持下，辽宁美术出版社应允出版《湖南涉外经济学院艺术设计学院教师作品集》，这部作品集收录了每位教师新近创作的作品，可谓是集体亮相。他们倾注了对艺术的热爱，在艺术创作过程中，深入生活，广取博收，兼融古今，通过不同的艺术语言及艺术形式，与空间、技术、艺术进行交流和碰撞，尽情地诠释着不同的生活体验和不同的情感世界。这些作品或含蓄内敛，或奔放直露，传达出来的是一个故事，或是一种情绪的渲染。所有作品无一不是艺术设计学院教师在教学、研究、实践中创作产生的当代艺术成果。俗话说"十年磨一剑"，只要把艺术作为一生的事业，把培养艺术新人作为一生的事业，那么再多的付出也终究会收获果实，铸就出锋利无比、让人爱不释手的"利剑"。

在作品集即将问世之际，向帮助支持湖南涉外经济学院发展与建设的朋友致谢，向曾经在这里洒下汗水的恩师前辈致谢，向坚守这片艺术园地的园丁们致谢。

何力　艺术设计学院院长
教授
硕士生导师
2015 年 6 月

PREFACE

16 years ago,a couple of young artists who just graduated from university,gathered in the new born civilian-run university the Hunan International Economics University which is located in a quadrangle where full of idyllic senses to begin the creation of specialty in art design. In the very beginning the faculty just had a few teachers and dozens of students. Today there are more than 134 teachers and almost 2600 students and 6 undergraduate specialties. HIEU has accredited as a four-year comprehensive university in 2005,and has been ranked as one of the top three institutions among over 300 private universities in China by the China University Alumni Association for the past six consecutive years,and has been a key member of League of Laureate International Universities in 2009.

In the decades of college-running, Art Design College of HIEU has assembled several leaders of the artistic education like HUANG Ke,ZHANG Mingyue,LI Ruguang,and has attracted a number of young and middle-aged artists to join the college or,better still,college has cultivated a lot of influential talents by itself.Today this teaching and creative team is full of energy, and holds the artistic position to create a batch of arts which has been selected for the national fine arts exhibitions and national design exhibitions several times. So far, it has achieved second prize and third prize and excellent prize of the Eighth and the Ninth National Fine Arts Exhibition,and the Second Prize of the Ninth National Watercolor and Gouache Exhibition.

It has been our dream to publish a collection of works which can represent our college's educational levels all the time. As one of the top institutions among over 300 private universities, we hold the chase of perfection as our educational conception,we pay attention to the construction of our teachers.Create more masterpieces,nurture the special talents,create the superior brand,all of these are worth our struggle for.Under the strong support of the board of directors,then Liaoning Fine Arts Publishing House promise to publish a Collection of arts&design of HIEU's teachers.This collection is created by our enthusiasm for arts and life,we used different artistic language and art forms combined with space, technique and art to express our ideas and emotions.

On the verge of publishing the collection ,we express our gratitude to those friends who support the development of HIEU,we express our gratitude to those precursors who pave the way for us to chase arts,we express our gratitude to those teachers who stick to the artistic garden.

He Li The dean of the College of art design
Professor
Master's tutor

6/2015

艺术设计学院介绍

艺术设计学院成立于 1999 年，开设有环境设计、产品设计、视觉传达设计、动画设计、服装设计与工程、服装与服饰设计 6 个本科专业，其中动画设计专业为湖南省特色专业，产品设计专业为校级重点建设专业，动画系数字艺术人才培养基地为校级人才培养示范基地。学院现有在校全日制本科生 2600 人，教师 134 人，其中外聘教师 37 人，专任教师中教授 4 人，副教授 14 人，具有硕士学位教师占全院教师比例的 85% 以上，学院教师多次问鼎全国性美术大展，先后获得第八、第九届全国美术作品展银奖、铜奖、优秀奖，获得全国第九届水彩水粉画展银奖，并多次入选全国性美术展览和艺术设计大赛作品展。

艺术设计学院拥有 12000 多平方米设施完善的教学场地，建设有苹果高清制作实训室、游戏制作实训室、服装工艺实训室、模型设计与制作实训室、摄影实训室、竞赛及商业项目实训室等 20 多间实训室，总设备投入近 460 万元，占地面积约 2100 平方米，同时配备了多名专职实训管理人员。

艺术设计学院历来强调学科专业建设对学院发展的重要意义，思考最多的是如何提高人才培养的质量，继而提升学院在省内外的综合办学实力和知名度。根据学校应用型本科教育的基本理念，把培养基础扎实、知识面广、专业理论水平与业务技能高、具有创新精神与实践能力的高素质应用型人才作为学院的人才培养目标。以学科建设为龙头，以师资队伍建设为中心，以课程建设、工作室和校企合作为依托，大力推进教学改革，逐步形成科学合理的专业结构层次体系。

我院艺术学学科是校级重点建设学科，有着四个较为明确的研究方向，即创意与体验设计研究、材料艺术应用与研究、数字化表现与仿真艺术研究、公共视觉艺术研究，试图打破专业壁垒的限制，实现专业资源的共享，为我院各专业的可持续发展提供强有力的支持。

艺术设计学院通过教学改革，将全面提高教育教学质量作为工作重心，围绕办学定位，将"应用型"人才培养落到实处。学院通过成立专业发展指导委员会，构建起校企合作的沟通桥梁，让行业精英的专长与专家的智慧来确保学院在顶层设计上的科学性与合理性，从而指导学院的学科与专业建设，并从人才培养方案、课程结构、培养方式等方面着手进行改革与设计。培养方案的设计上，重点分析其典型工作任务及其工作过程，以求对接产业节点上的知识技能，确保所培养的人才符合设计产业链的用人要求；通过产业需求分析，确认职业面向及职业能力要求，从而构建以职业能力培养为目标的课程体系；培养方式的改革上，由封闭式改为对社会、产业类型的开放，将应用型人才的培养落到实处。

学院注重学生实际工作能力的培养，校内教学模式以"项目制"推进课堂教学改革，提高教学质量。将课程教学与设计项目实践融为一体，将传统的学校封闭式教学变为面向专业实际的开放式教学，以课程知识为基础，以专业技术的应用为核心，以专业教师为主导，以承接实际项目为主要任务，将生产与教学紧密结合，由教师带领学生在承接设计项目的过程中完成综合专业技术训练。自"项目制"教学模式推行以来，我院学生在专业老师带领下完成了多个实际商业项目的设计，取得了良好的教学效果。

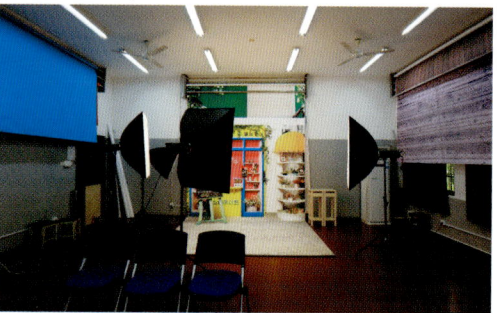

产学研合作教育是应用型人才培养的有效途径，依托企业，建立相对稳定的校外实习实训基地，在实训场所、设施设备上达到资源共享，从而为培养应用型人才创造良好的基础条件，为我们的实践教学提供巨大支持。同时能改进实践教学的内容，推动项目化课程教学，形成基本实践能力、职业能力与综合操作技能有机结合的实践教学体系。艺术设计学院在产学研合作教育模式上进行了一系列大胆的尝试与探索，通过引企业进学校，校企深度融合，赢得了良好的局面。目前产品设计系与远景文化传播公司合作在我院开设了陶艺工作室，动画系与"中视禾润传媒"合作搭建了苹果高清制作平台，动画系与"龙吟科技"合作建立校内游戏动画工作室。

学院重视学生的各种学科竞赛，通过指派专业教师指导学生参赛，既鼓舞了学生的学习热情，又促进了学风、教风的提高，并获得了突出的成绩。如艺术设计学院在湖南省第十一届普通高校优秀设计作品展上获得优秀组织奖；服装设计与工程专业学生喜获第九届全国信息技术应用水平大赛一等奖；服装设计与工程专业学生参加 2014 第二届魅力东方中国内衣创意设计大赛总决赛，喜获金奖。

经过多年建设，艺术设计学院初步勾勒出以学生职业能力为培养目标，包括一个课程群、两大平台、三大模块、四种途径的实践教学体系。一个课程群指的是形成技法课、实验课等课程群；两大平台指的是形成学校——企业的实践平台，即校内实践性教学平台和企业实践性教学平台；三大模块指的是形成设计基础训练模块、设计专题训练模块、专业实践训练模块三大实践性教学模块；四种途径指的是搭建实验课程、设计训练、实习、设计竞赛四种实践性教学环节具体实施的途径。

艺术设计学院在学科专业建设、校企产学研合作教育上突出应用型人才培养办学定位，加强和深化内涵建设，正努力朝着服务地方、争创省内一流本科院校的办学目标迈进。

The Introduction to Art Design College

Art Design College has been founded in 1999,and includes Environment Art Design,Product Design,Animation Design,Visual Communication Design, Apparel Design, Engineering , and Costume Design.   The Animation Design is a specialized subject in Hunan province,the Product Design is a key developing subject in HIEU. The Talents Developing Base in Animation Design is a demonstration base in HIEU. There are 2600 full-time undergraduate students and 134 teachers among whom 37 are external teachers, 4 professors,14 associate professors,and 85% of the staff have a master degree. So far, the staff have achieved Second Prize and Third Prize and excellent prize of the Eighth and the Ninth National Fine Arts Exhibition,and the Second Prize of the Ninth National Watercolor and Gouache Exhibition.

Art Design College has a teaching site more than 12000 square meters, and more than 20 training institutions including Mac-HD Training Institution,Photography Training Institution,Comp etition&Commercial Projects Training Institution and so on. All these cost around 4.6 million RMB, covering about 2100 square meters, and being allocated a number of full time administrators.

Art design college has been concentrating on the profession construction, the talents training improvement and the comprehensive strength and fame promotion in China.According to the conception of application-oriented university, the college has set a goal as to develop the application-oriented talents,and make them more honesty and pragmatic,more self-reliant and dedicated,more intellectual and gregarious.At the mean time the college insists on discipline's construction, whilst emphasizing construction of teachers as the center, making sure the professional structure reasonably on account of course construction, studio and university-enterprise cooperation, and strives to improve teaching reform.

Art discipline in Art Design College is a key developing subject in HIEU,and including 4 directions known as design of creativity and experience,application of material art,performance and simulation of digital art,public visual art. We try to break the barriers of specialties,and share the resources,to support sustainable development of the college.

Through the teaching reform,the college takes the improvement of educational quality as a central mission to accomplish the task of developing the application-oriented talents.We have established a developmental committee to build a bridge between university and enterprise,and ensure the construction of college reasonably is under the guidance of elite and experts.On the aspect of training plan,we change the closed way to open and focus on analysis of the typical works' tasks and works' process, to build the course system for vocational ability and make sure the talents match the demand of market.

The college concentrates on how to improve the practical ability of students.we combine the practical project with course,combine the market with teaching,ensure the students complete they professional and technical training in the process of projects design under teachers' guidance. Since the method has been carried out,our students have completed a number of commercial projects and achieved a lot.

Industry-university-research cooperation is an effective way to develop application-oriented talents.To establish off-campus practice bases is the best way to share the resources and create fine conditions for developing application-oriented talents.At the same time we improve the practical teaching substances and promote the project's courses to create practical teaching system which contains practical ability,professional ability and comprehensive technique.We have conducted a series of experiment and exploration on the area of Industry-university-research cooperation, bringing enterprises into university and making deep integration of university and enterprises.Through efforts we have achieved a good beginning.

The college puts a high value on various professional competition, not only inspiring the students' enthusiasm,but also improving the style of study and teaching ,and has obtained prominent achievements such as prize of excellent organization in 11th Design Exhibition for Common Colleges and Universities in Hunan,the first prize of The Ninth National Information Technology Application competition,the golden prize of the second Attractive Orient Underwear Creative Design Competition in China.

After years of construction,the college has outlined the theory in cultivating vocational ability for students.The theory is a teaching system which includes a course integration, two platforms, three modules, four methods. The course integration refers to a group of technique course and experiment course,two platforms refer to practice in university and enterprise,three modules refer to basic training of design, special training of design,and professional practice training, four methods refer to the approaches of experimental course,training,practice and competition.

The college highlights the development of application-oriented talents in the area of discipline construction and industry-university-research cooperation. We strengthen the self-construction to serve local place and strive to be a first-class university in Hunan province.

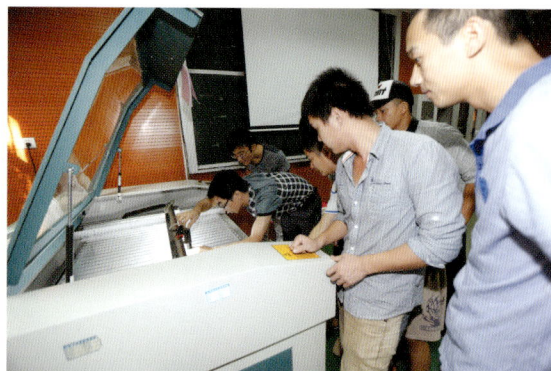

绘画作品

初晴　国画　68cm×68cm　2014 年　何力

远行　水粉　110cm×80cm　2009 年　陈祥杰

尼众·际　布面油画　120cm×95cm　丁超

锈色沙韵 NO.3　76cm×110cm　2014 年　马银芳

早春　水彩　40cm×40cm　2014年　龙志河

记忆湘江·一九三四　布面油画　130cm×81cm　2011年　李远林

苍蝇猎猴蛇　丙烯　150cm×200cm　2012 年　何玲

山村　布面油画　60cm×60cm　2013年　张卫平

屏山意象　布面油画　60cm×60cm　2013 年　金德光

暖阳　布面油画　50cm×60cm　2013 年　罗云

山岗小树　布面油画　65cm×50cm　2013年　郇海霞

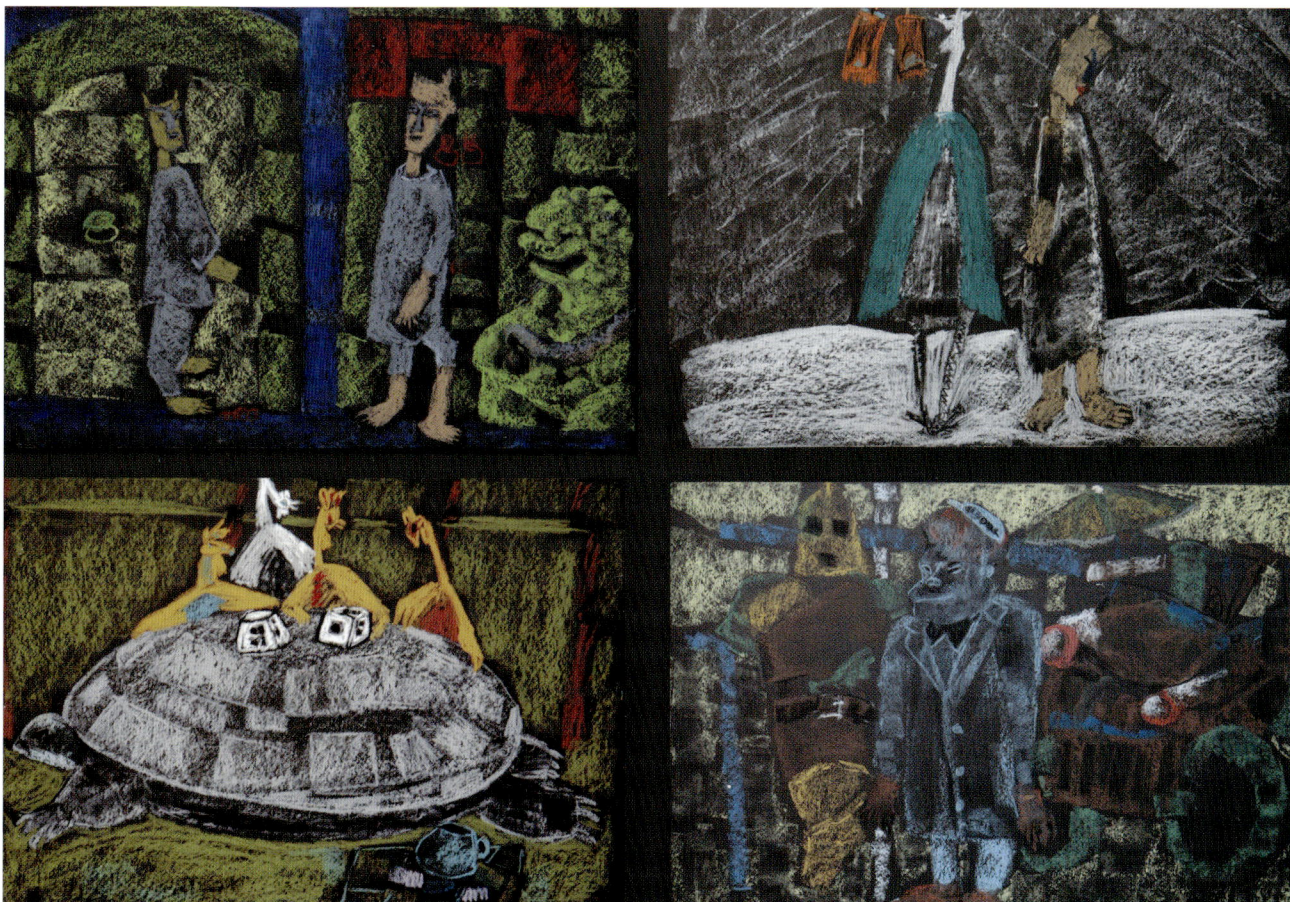

瑶里树　油画棒　40cm×54cm　2015 年　易彬

故乡山系列之三　布面油画　50cm×50cm　2015 年　易琼娟

铁血忠魂　国画　95cm×180cm　2013 年　段少军

高考印象　水粉　39cm×56cm　唐楠清

村口的树　布面油画　38cm×52cm　2013 年　郭柯兰

箜篌　中国画　85cm×140cm　2011年　彭杨

丑生系列 NO.33　布面油画　180cm×180cm　2014 年　熊长虹

动画设计作品

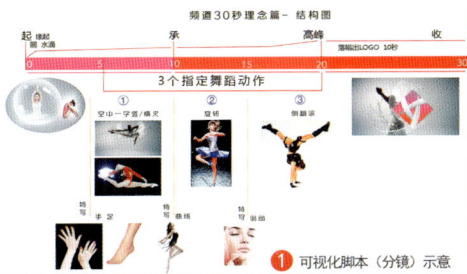

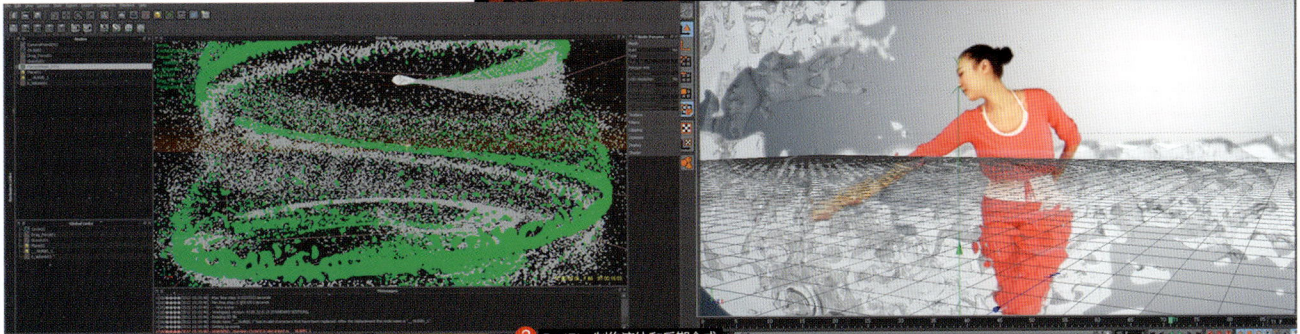

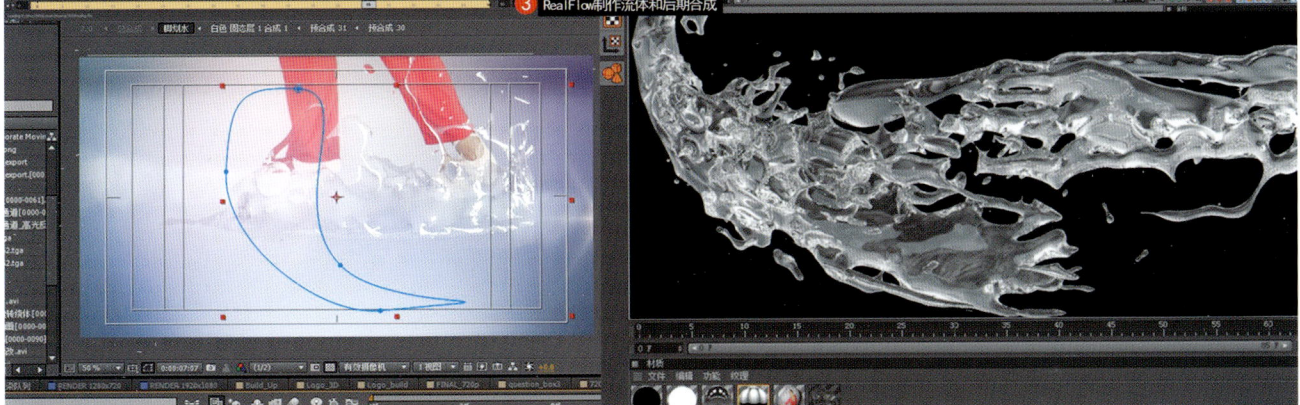

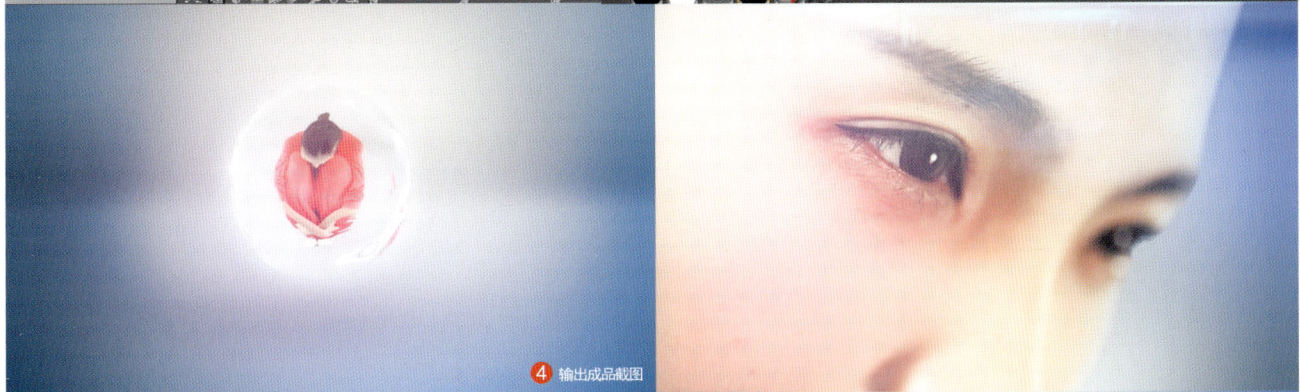

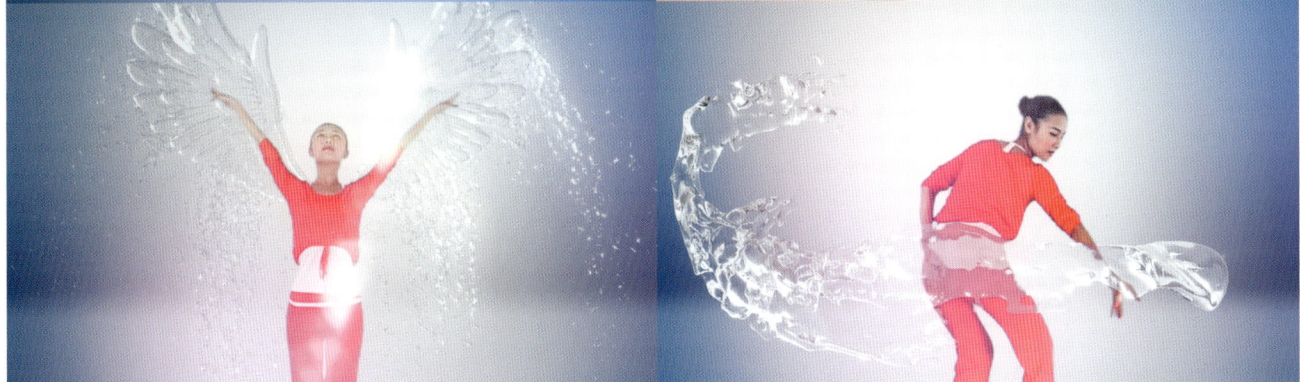

频道30秒理念篇 - 结构图

3个指定舞蹈动作

① 可视化脚本（分镜）示意

② 实拍

③ RealFlow制作流体和后期合成

④ 输出成品截图

静谧的午后　王智勇

未来战争　数码插画　刘明

动物王国　向莹

赤焰　钢铁雕塑　2014 年　杨刚

雕塑设计　郑玮玮

新娘　唐嘉

飞天　布面油画　80cm×60cm　2014 年　涂杰

CG 角色设定——静谧 1　雷雨

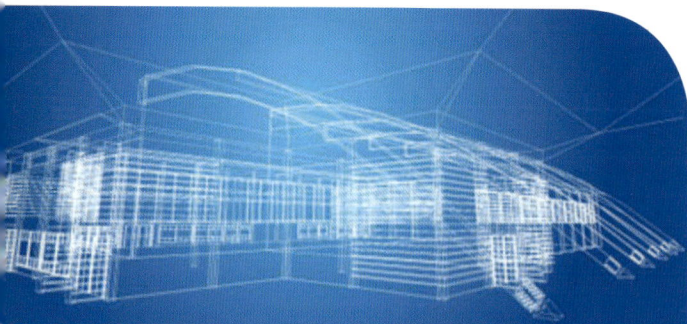

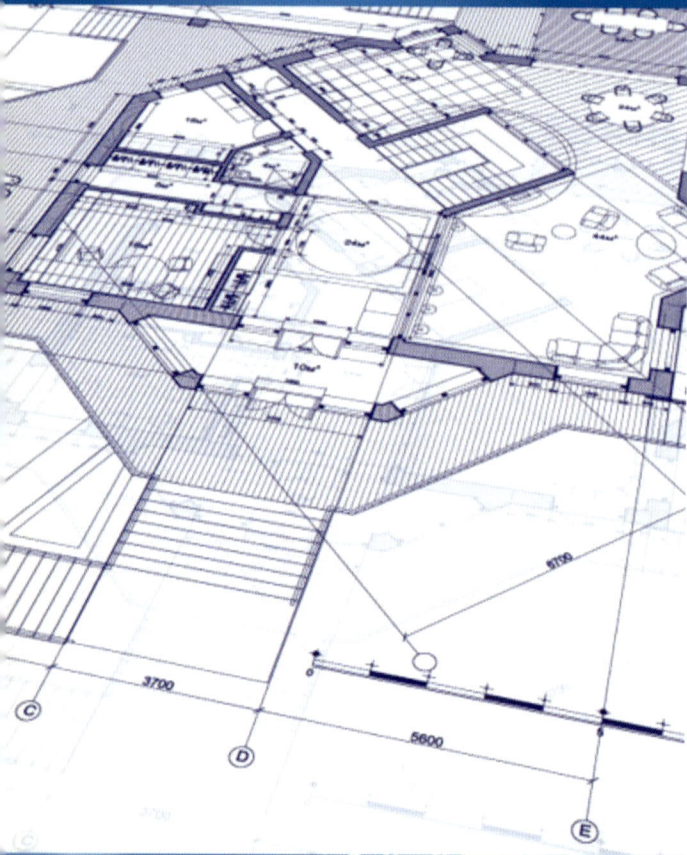

环 境 设 计 作 品

碧桂园　叶烨

优努斯小镇品牌设计　刘红

中式雅韵　任皎

"有味" 李红松

餐厅设计 李莉

山东城建威尼斯一区——鸟瞰图　李麟

现代中式效果图　李翔宇

主卧室空间设计方案　杨元高

接待室

前台

过道

达沃森集团品牌形象及办公空间设计方案
THE BRAND IMAGE AND OFFICE SPACE DESIGN OF DAWOSEN FROUP

达沃森集团

太极图示——生命能量 玄机圆融

畅游的鱼——生生不息 游刃有余

DWS 品牌字母——品牌铸造 融会贯通

盛开的花——繁花似锦 锦绣前程

标志及其释义

名片

公共办公区

大会议室

达沃森集团品牌形象及办公空间设计　张赛娟

旭辉国际广场售楼部 VIP 区　易锐

上海·海上　周慧

1	2
3	4

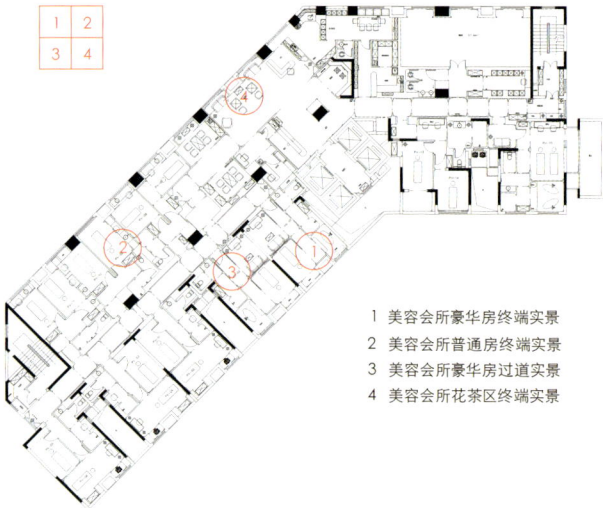

1 美容会所豪华房终端实景
2 美容会所普通房终端实景
3 美容会所豪华房过道实景
4 美容会所花茶区终端实景

湖南长沙南国丽人美容连锁会所软装设计　　胡静

别墅效果图　彭敏

株洲县湿地广场　谢春国

产 品 设 计 作 品

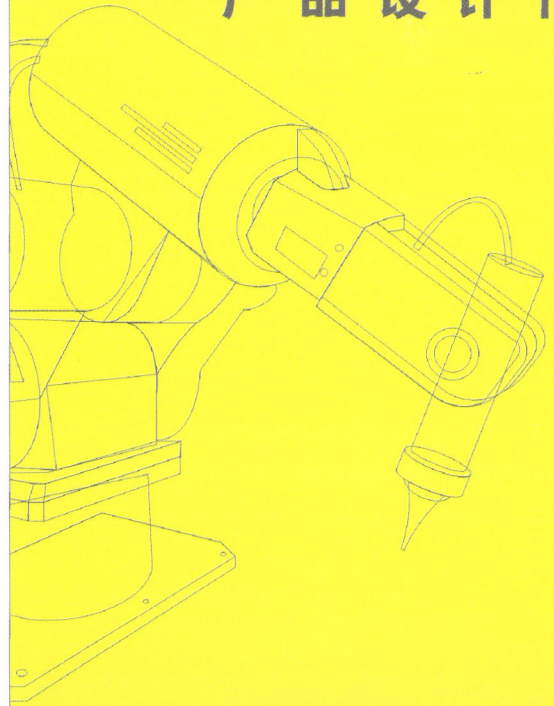

新大粉末冶金烧结炉　皮智英

主导科技
水泵控制器外形设计
PUMP PROJECTION SYSTEM

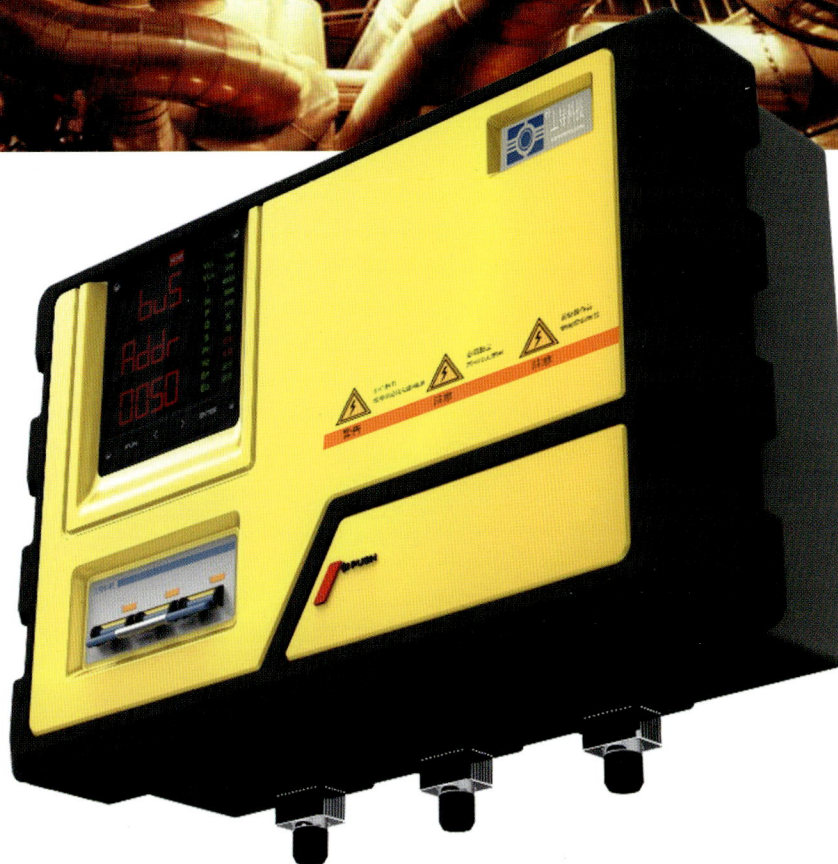

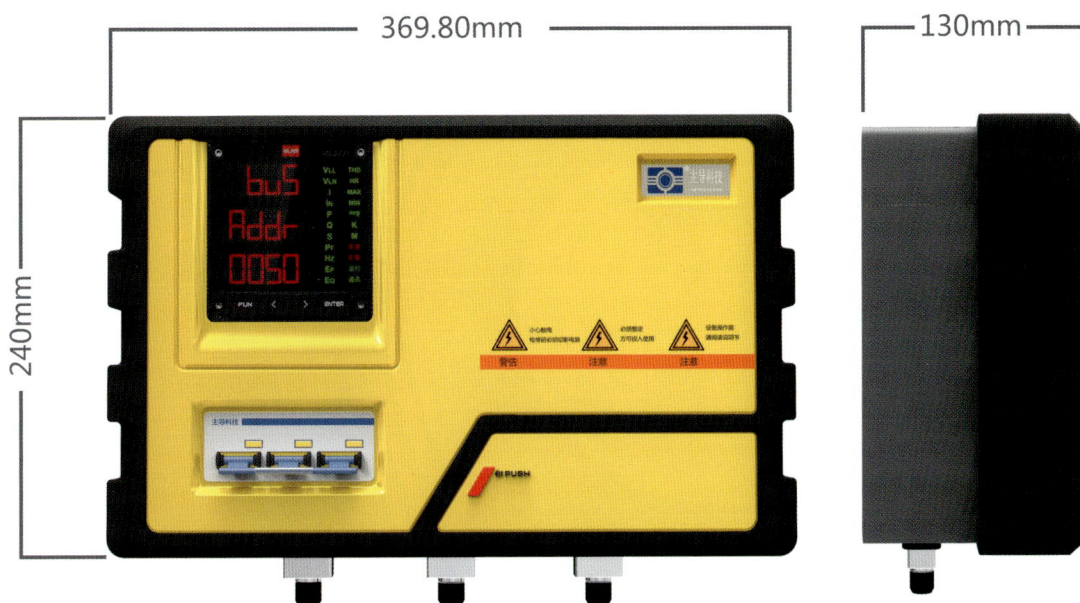

369.80mm

130mm

240mm

水泵控制器设计　向威

三旋翼概念无人机
Three drones rotor concept

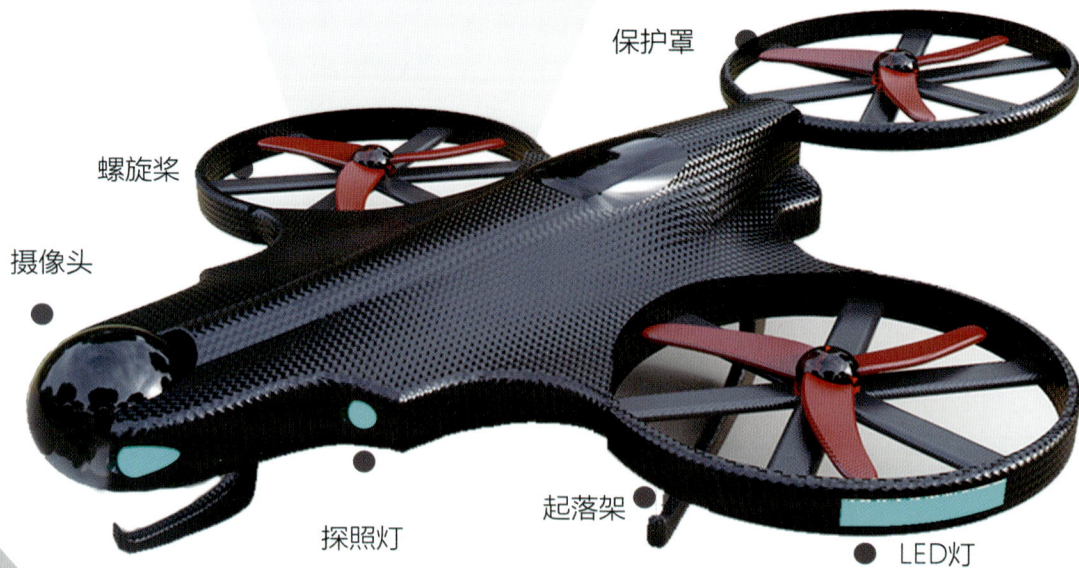

保护罩

螺旋桨

摄像头

探照灯

起落架

LED灯

设计说明

　　此款概念旋翼无人机设计整体造型简洁，背部采用流线型设计，减少空气阻力，机身均采用碳纤维材质减少机身自重，增加续航能力，搭载360°旋转高清摄像头、距离探测器及飞行探照灯。

三旋翼概念无人机　李银兴

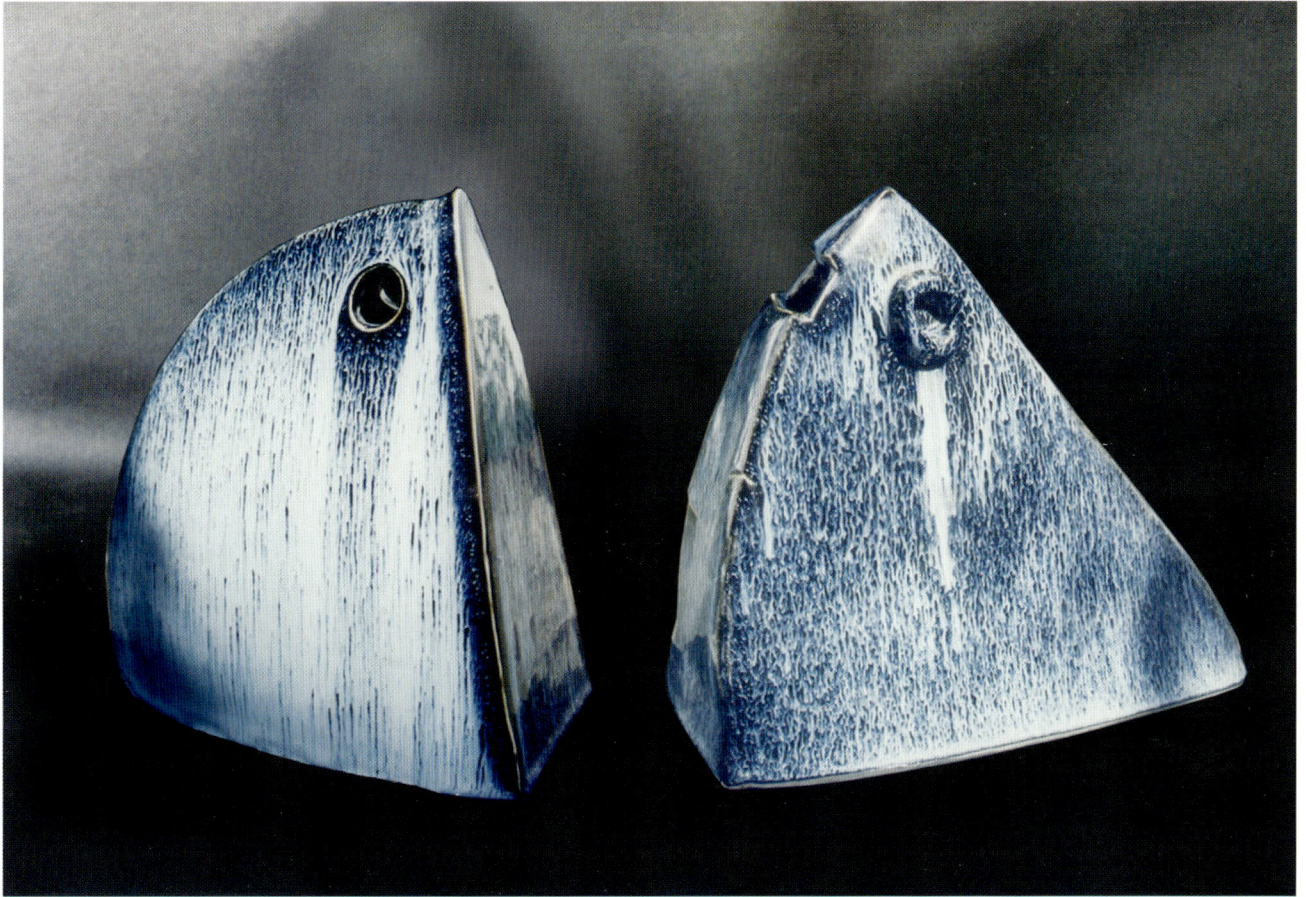

悄悄话　肖保英

热水器设计　罗胤

清风（陶） 唐艺菱

视觉传达设计作品

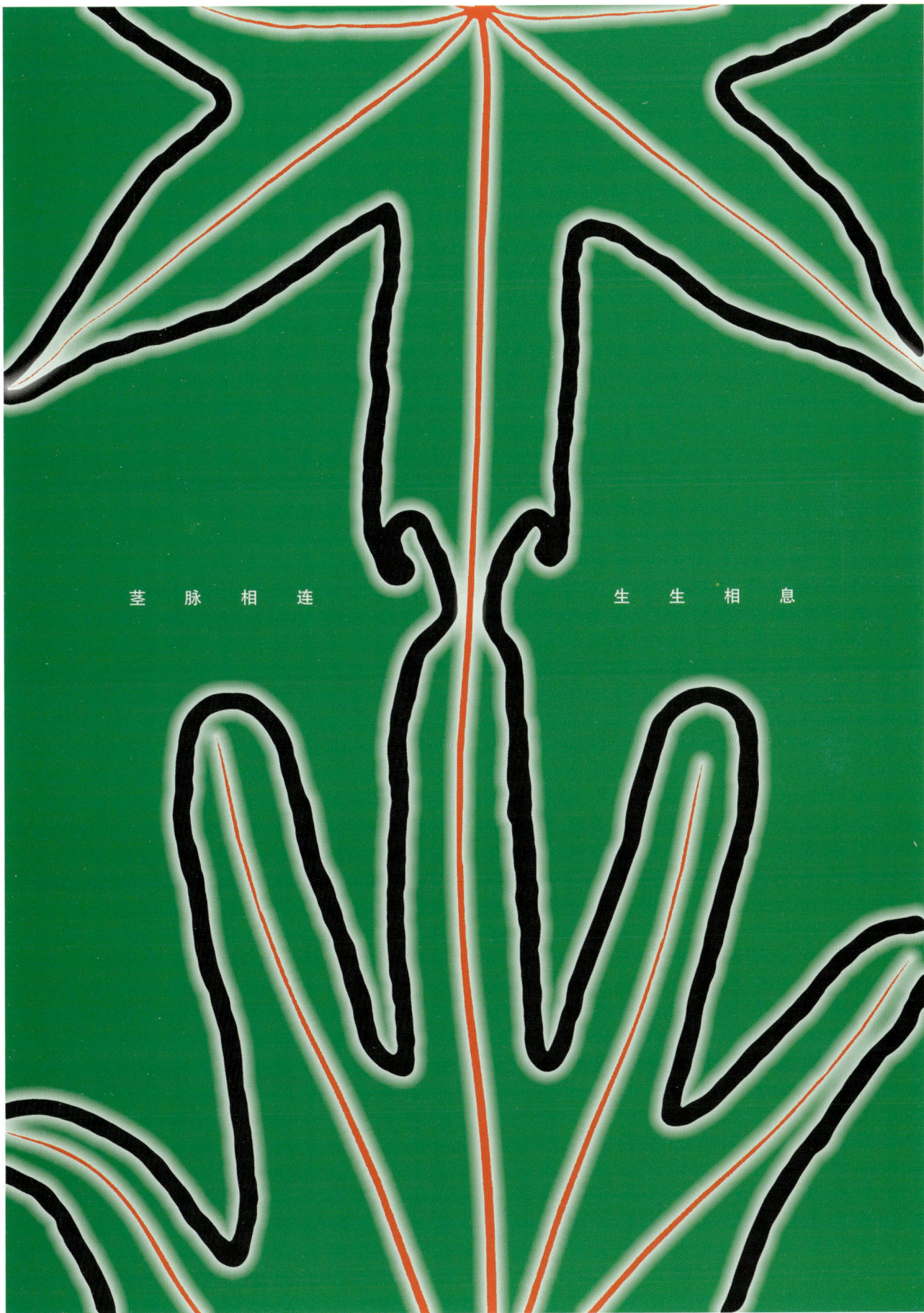

茎 脉 相 连   生 生 相 息

茎脉相连生生相息　刘超祥

VI 设计　杨璇

长沙圭塘河雕塑小品设计向日葵　杨宇

正面　　　　　　　　　背面

正面　　　　　　　　　背面

正面　　　　　　　　　背面

VI 设计　陈明

MENU
日常供应（不限时）

秘制寒天减肥美容茶 Agar
寒天不仅是好吃的植物纤维，还有减肥美容的效果。更有新鲜水果伴侣，给你酸甜好滋味。

青柠寒天冰柚茶	8元	荔枝寒天绿茶	8元
苹果寒派天	7元	葡萄寒天果茶	8元
蔓越莓寒天果茶	9元		

鲜萃果茶 Fruit tea
鲜茶搭配果汁，奇妙而清香，喝一杯，心情滋爽，时时都有最佳表现。

荔枝果酿茶	8元	金桔柠檬茶	8元
冰菊普洱	9元	韩国蜜柚茶	9元
芒果绿茶	9元		

鲜果制作 Fruit
酸甜的优格，怡人的鲜果，清香健康，总有一款令您纳心。

青柠芦荟丁	8元	百果留香	8元
小野莓果漾	8元	芒果冰霜	8元
冰鲜金桔	8元		

纯制奶提 Milk tea
严格使用日式烘烤茶叶，令冲泡出来的茶味更香更浓，有别于一般茶的口感。

招牌炭烧烤奶	8元	和风玄米奶提	8元
奶提双胞胎	8元	和风姜撞奶提	8元
台湾茉莉奶绿	8元		

蜜恋乳果 Yogurt
特别添加益生元的优格乳，遇见甜蜜清新的果味，心情是超靓的。

百香果优格	8元	芒果优格	8元
金桔优格	8元	双莓优格	9元
草莓优格	8元		

极致炫冰 Smoothie
冰块采用超滤膜渗透纯净水制作，果汁清甜不腻　冰粒绵细滑哦。

水蜜桃冰沙	8元	芒果冰沙	11元
曲奇花生冰沙	9元	咖啡冰沙	10元

创意加料:爆爆蛋
（柳橙、草莓、芒果、优格、百香果、蓝莓）2¥/份

90° 炭烧咖啡小站

炭烧咖啡原豆
采用来自巴西、哥伦比亚、印尼生产高品质阿拉比卡咖啡生豆，日本特色烘焙技艺，造就炭烧咖啡的颗颗精品。

纯牛奶制作
采用光明咖啡专用调制奶，它是源于优倍优质生态奶牛社区的顶级奶源，自然又纯净。

爆爆蛋：引爆味觉
享受美味在口腔爆开的那一刻，低热量的寒天包裹丰润的果汁，轻轻一咬噗嗤！欢快的美味就此奔涌而出。

尚槿
SUN'KEEYO
格调韩式料理

烤紫薯仔：紫薯真名(山川紫)，由日本引进我国。烘烤后口感细腻，食味极佳，富含粗纤维解腻消食。营养丰富而且有天然的减肥、美容和防癌功效。

炸蔬菜：炸蔬菜饼外酥里嫩，此道料理除了盐，没有添加任何调味料，原味的蔬菜清香，咸脆可口的外皮，无论是下酒还是佐餐都非常美味。由于胡萝卜和洋葱的特性，经过油炸伴其本身的营养更容易让人体吸收，从味道、口感到营养都是很完美的结合。让爱吃油炸食品的人也可以健康的享受油炸食物。

尚槿
SUN'KEEYO
格调韩式料理

下午茶
MENU

尚槿韩式料理 MENU　吴晋

China's ZOOMLION，ZOOMLION's world.

中联重科品牌形象画册（部分版面）

中联重科品牌形象画册　易波

请柬设计

规格：90 X 210 mm   纸张：进口牛皮纸   印刷工艺：四色、烫镭射电化铝、切型

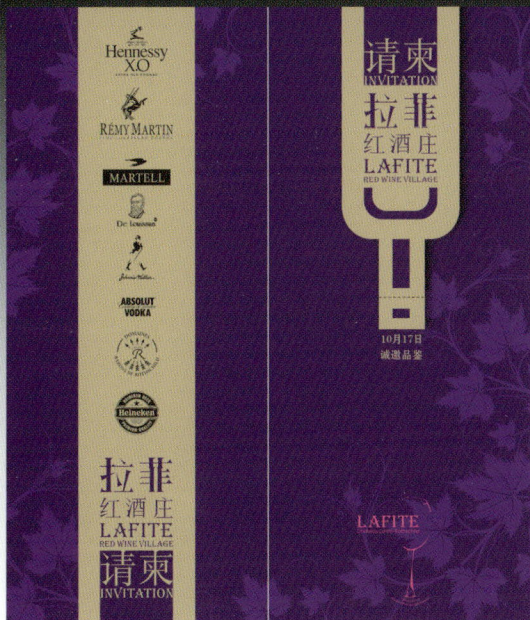

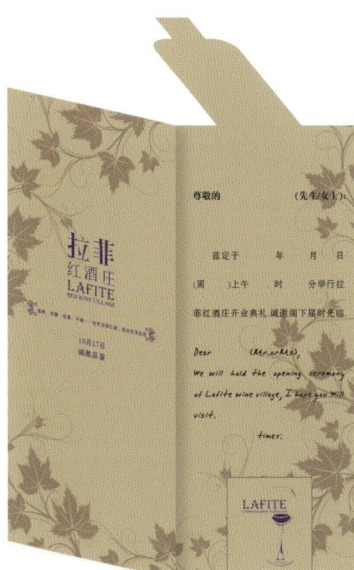

屁：（名）
1. 小，没有作用.
2. 胡说，没有道理的话.
3. 屁股，臀部 [hip].
4. 常用来骂人或指斥诗文、言语的荒谬 [nonsense].
5. 比喻没用的，微不足道的事物 [bosh;worthless].

屁！
nonsense;bosh;worthless...

顺府标识设计　凌博

自然山庄

有自然更有感觉 ○

○极品的生活就是挥霍得起阳光空气的亲水生活

○经过这条走廊，选择16种享受/

这是蔚蓝会所的走廊，连续的风景把你送进来，你渴望到哪里？这里通向16项功能区。

阳光健身屋里，青春和阳光一起在你身上澎湃；在啤酒屋赏赏友情、爱情、亲情的味道；在网吧和图书馆里，翱翔在另一片蔚蓝的海上；

200平米恒温泳池，总是22度，正是青春的温度。茶室、健身室、美联社客室。

商务中心、屋顶花园、健康中心、仿沙滩园林泳池、老人活动中心在聚友吧的一角、咖啡香浓、言耳悠然。

敏光中咖啡滚洒了，恰似故乡雨季里的那条江，到蔚蓝海岸去，

在3000平米会所，品味生活的16种方式！

绿景地产　股票代码：000502

售楼部地址：广州花都山前(旅游)大道金碧御水山庄会所内
自驾车线路：东风路(内环路)-增槎路-广清高速(山前大道出口)-山前大道

26,27日免费看楼巴：宏城广场
(上午9:00-下午16:00)

房地产广告设计　蒋莉

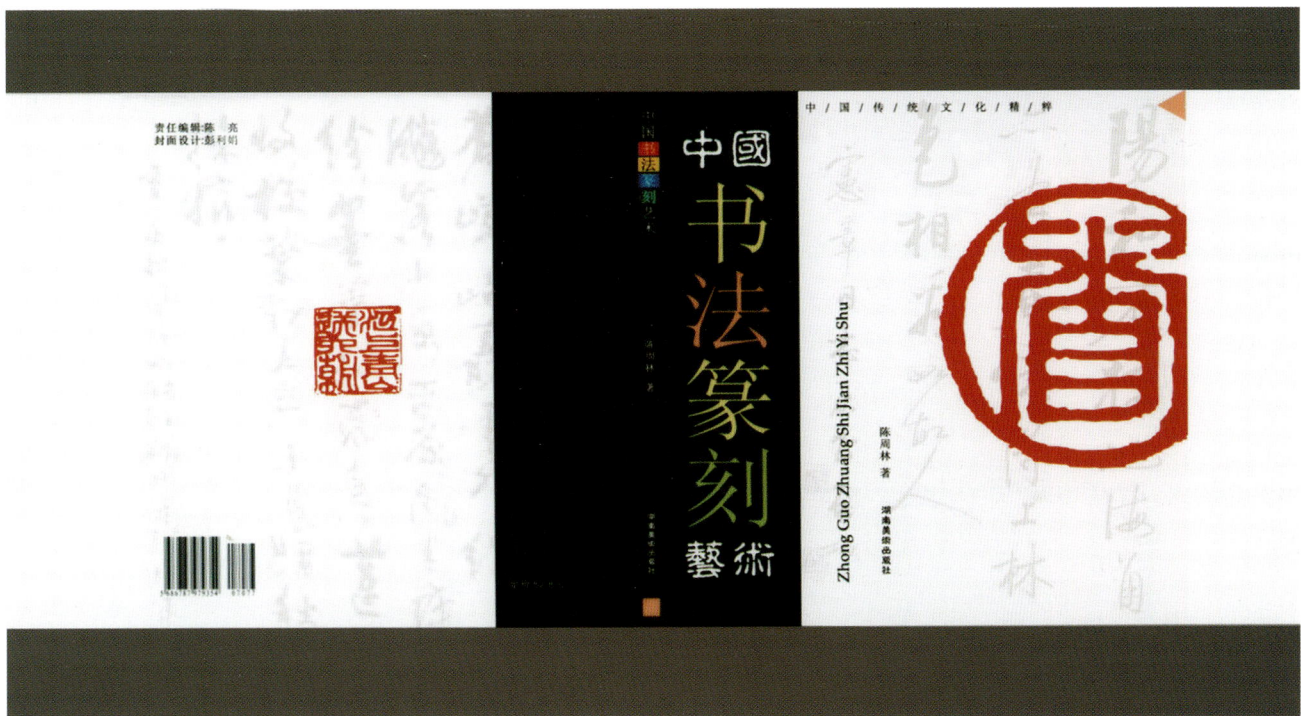

责任编辑:陈 亮
封面设计:彭利娟

中国书法篆刻艺术

中/国/传/统/文/化/精/粹

中國
书法篆刻
藝術

Zhong Guo Zhuang Shi Jian Zhi Yi Shu

陈周林 著

湖南美术出版社

书籍设计作品　彭利娟

服 装 设 计 作 品

插花　朱旭云

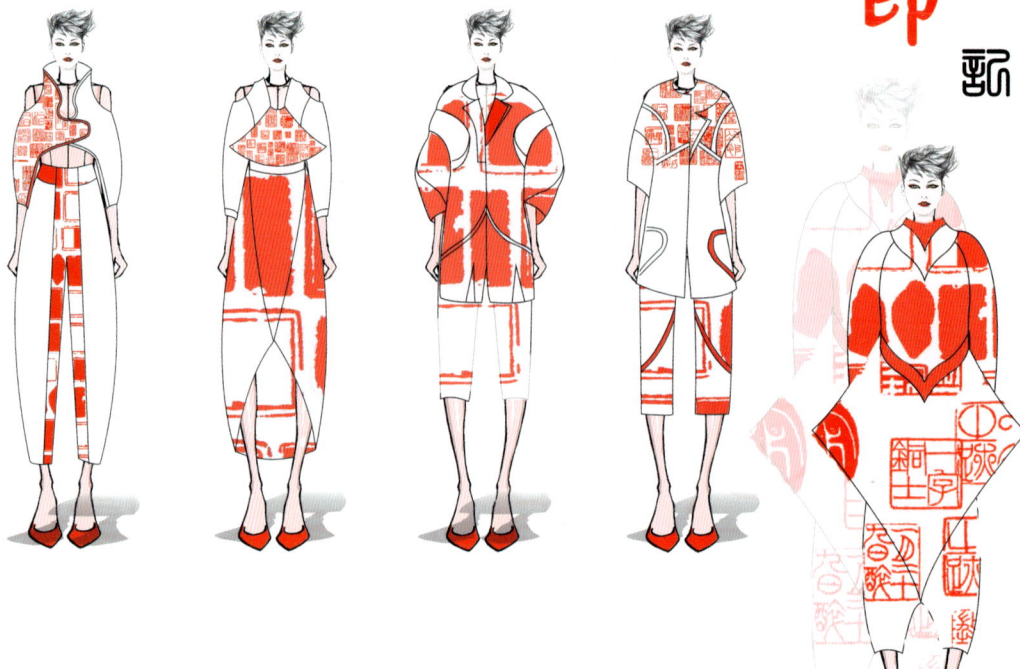

东方印记　江成

春韵　国画　陈庆菊

晚礼服　陈鹏

《猫》影视化妆造型　邱佳丽

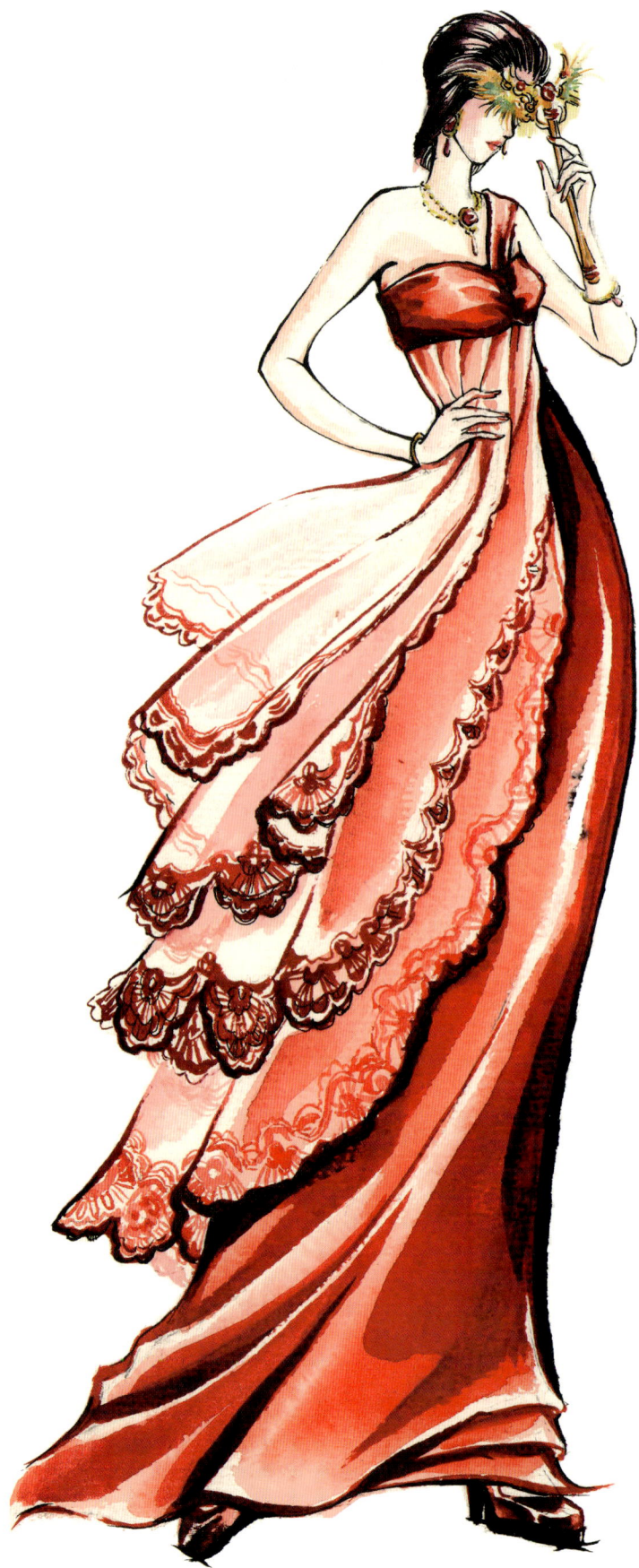

妖姬　彭雨

78

湖南涉外经济学院简介

　　湖南涉外经济学院是经国家教育部批准成立的民办普通本科院校。学校由湖南猎鹰实业有限公司投资创建于 1997 年，原名"湘南文理专修学院"；1998 年迁址长沙市岳麓区麓谷园，更名为"湖南涉外经济学院"；2000 年经湖南省人民政府批准设置为高职专科学校；2005 年经国家教育部和湖南省人民政府批准，升格为本科院校。2009 年，学校通过学士学位授予权评估，获得学士学位授予权。同年，学校加入劳瑞德国际大学联盟。

　　学校有全日制在校学生 27067 人，建校 18 年来，累计为国家和社会培养各类专门人才 77669 人。

　　学校按照服务地方经济和市场需求的思路进行学科专业布局，现有 11 个二级学院，开设了 44 个本科专业，12 个专科专业，涵盖了经济学、法学、教育学、文学、理学、工学、管理学、艺术学 8 个学科门类。同时按照国际化办学思路积极探索与塞浦路斯大学 (EUC)、秘鲁应用科技大学 (UPC)、泰国 Stamford 大学 (STIU)、马来西亚英迪国际大学 (INTI)、巴西 Anhembi 大学、马德里欧洲大学 (UEM) 和智利 UVM 大学等多个国外大学合作办学。

　　学校以教学立校，人才兴校，视教育质量为学校的生命线；以创建"高水平教学应用型国际化本科院校"为目标，坚持应用型人才培养道路，实行"专业＋外语＋技能＋创业素质"的培养模式，努力培养学生诚信务实、自立自强、知能并举、敬业乐群的品格。

　　学校秉承"至善至美，自立自强"的校训，开展满意度建设，将学生是否满意作为衡量学校教学和管理工作的重要标杆；通过加强学生成长成才平台建设，帮助学生自主创业、考研、考公务员、参加司法考试、参与学科竞赛、参加科技创新。

　　学校倡导以国际化的视野"看世界、学世界、行世界"，依托劳瑞德国际大学联盟的平台，致力于为学生提供多语言的学习环境和国际化的优质课程，拓展他们的国际视野，提升他们的就业竞争力。

　　由于办学成绩突出，学校荣获"中国民办教育创新与发展贡献奖"，被中国民办教育协会授予"中国优秀民办学校"荣誉称号，被湖南省评为"湖南省优秀民办学校""湖南省十佳民办学校"。

The Introduction to Hunan International Economics University

Hunan International Economics University (thereafter HIEU) is a civilian-run four-year comprehensive university approved by The Ministry of Education in China.It was was founded by Hunan New Falcon Group in 1997, at that time its name was South Hunan Literature and Science College. In 1998, it was renamed Hunan International Economics University(HIEU), and moved to Lu Valley of Yuelu district in Changsha.In 2000, HIEU has become a Higher vocational Junior college with the permission of The People's Government of Hunan Province.In 2005, HIEU has been promoted to undergraduate university by the authority of The Ministry of Education of China and The People's Government of Hunan Province. In 2009 HIEU has been granted a charter to confer Bachelor degree by passing estimation hosted by The Ministry of Education of China,and has joined the league of Laureate International Universities

HIEU now has 27067 students,and has rained more than 70000 professional talents for the country and society during 18 years.

HIEU has established specialties according to the requirements of local economy and market.HIEU has 11 secondary colleges and set up 44 undergraduate majors and 12 specialized majors including Economics,Law,Education,Literature,Science,Technology,Management and Arts.At the same time,By the corporation with University of Cyprus,Technological University of Peru,Stamford University of Thailand,INTI International University of Malaysia,Anhembi University of Brazil,Madrid University of Europe,UVM University of Chile, HIEU is developing an international school-running way.

HIEU believes that teaching is our foundation, talents represent our prosperity, teaching qualities set our lifeline.To build a high-level teaching and application-oriented internationalized undergraduate university is our ultimate goal.HIEU persists in developing the application-oriented talents,using the model of Specialty plus Foreign Language plus Technique plus Creation Qualities to train Students, to make students more honesty and pragmatic,more self-reliant and dedicated,more intellectual and gregarious.

HIEU takes the "zhishan zhimei,zili ziqiang" as the university motto, emphasizes students' satisfaction by taking the satisfaction of students as a considerable factor of teaching and management, builds a platform of development to help students to start a Business,to enter postgraduate study,to pass the Civil Service Examination and Judicial Examination,to engage in science fairs and technological innovations.

HIEU initiates the vision of "see world,learn world,travel world",depending on the platform of the league of Laureate International Universities to offer Multi-language learning environment and internationalized excellent courses to help students to open mind to the outside world and make them more competitive.

Because of its excellent performance, HIEU has gotten the Contributing Award of Creation and Development for Civilian-run Education,and has been elected by Government as the Excellent Private University of China,Excellent Private University of Hunan and the Top-ten Excellent Private University of Hunan.

1965 年出生于湖南省株洲市，祖籍湖南省永州市道县。1987 年毕业于湖南师范大学美术学院。曾供职于湖南理工学院、湖南工业大学。现为湖南涉外经济学院艺术设计学院院长、教授及硕士生导师，湖南省美术家协会理事，湖南省设计家协会理事。主要研究方向为中国画创作研究和地方美术史研究。

何力
He Li

湖南常德人，中国美术家协会会员，教授，国家一级美术师，湖南涉外经济学院艺术设计学院副院长。长期从事水粉风景创作，作品入选第八、第九、第十、第十一届全国美展，全国第七届水彩、粉画展，全国第十六届新人新作展，全国首届小幅水彩、粉画展，全国"李剑晨"水彩双年展。2003 年，水彩作品《秋·正午》获全国首届水彩、水粉写生精品大赛银奖（作品被宁波画廊收藏）；2004 年，水粉作品《春》获纪念毛泽东同志《在延安文艺座谈会上的讲话》发表六十周年全国美展湖南展区银奖；2005 年，水粉作品《晴雪》获湖南省第六届水彩、粉画艺术展金奖。2010 年，水粉作品《暮色》获第九届全国水彩、粉画展优秀奖。

陈祥杰
Chen Xiangjie

1989 年毕业于湖南师范大学美术系油画专业，现为湖南涉外经济学院美术系副教授。其油画作品《脉》入选全国第七届美展，《围棋》入选全国第四届体育美展，《蚀》获湖南省第四届美展优秀奖，《尼众·明镜亦非台》获 2007 年湖南当代油画年展优秀奖，《尼众·觉》《尼众·悟》和《无言》这三部油画作品先后参加 2008 年艺术湖南晋京展、2009 年 1 月湖南小型油画邀请展、2009 年 2 月长沙市油画人物八人展。

丁超
Ding Chao

硕士，讲师，现任教于湖南涉外经济学院，作品《光·系列之二》获第十届全国美展——湖南展区湖南省优秀美术作品展览优秀奖，作品《城墟》获湖南省第六届水彩艺术展优秀奖。

马银芳
Ma Yinfang

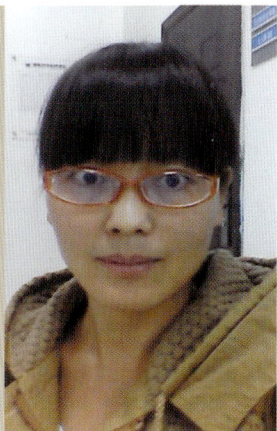

龙志河 Long Zhihe

1973 年生，湖南涉外经济学院教师、讲师，《残年》《洗》《冬韵》《瑞雪》等多幅作品入选省、部级或全国美展。

李远林 Li Yuanlin

汉族。毕业于湖南师范大学美术学院，清华大学美术学院研修。硕士，高级工艺美术师。现为湖南涉外经济学院艺术设计学院专职教师、教学督导。先后在《美术观察》《装饰》《包装工程》《艺术教育》等国家级核心期刊发表学术论文及作品 20 余篇。

何玲 He Ling

湖南涉外经济学院教师、讲师，湖南省实验艺术委员会副会长，湖南省油画学会副秘书长，湖南省青年美术家协会副秘书长。

张卫平 Zhang Weiping

1968 年生，湖南师范大学美术学院硕士研究生毕业，湖南涉外经济学院讲师。

硕士，讲师，湖南涉外经济学院艺术设计学院基础绘画教研室主任。研究方向：油画、水彩、设计教育。《陶·冷光》《蓝色意象·山水》等多幅作品参加省级、国家级展览。

金德光
Jin Deguang

38 岁，硕士，讲师，现任教于湖南涉外经济学院，多幅作品参加省级、国家级展览。

罗云
Luo Yun

美术学教授，1982 年 1 月毕业于湖南师范大学美术学院，后进入中央美术学院美术史系研究生课程班学习。获山东大学软件学院数字媒体硕士学位。现任湖南省美术家协会理事，湖南省设计家协会理事。九三学社社员，区政协委员。多幅作品参加省级、国家级展览。

郇海霞
Huan Haixia

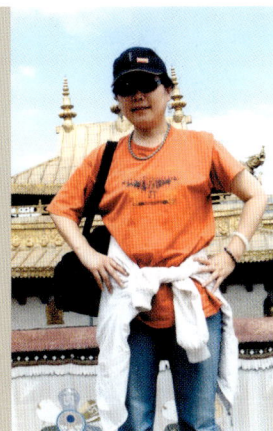

1982 年生，讲师，现任教于湖南涉外经济学院。

易彬
Yi Bin

易琼娟
Yi Qiongjuan

湖南涉外经济学院艺术设计学院教师，2008年毕业于湖南师范大学美术学院，获学士学位；2011年毕业于湖南师范大学美术学院，获硕士学位。作品曾多次参加省级和国家级展览。

段少军
Duan Shaojun

1966年生，汉族，湖南省宁远县人。1989年毕业于湖南师范大学美术学院，硕士，湖南涉外经济学院教师，湖南省美术家协会会员。作品多次参加全国美展及省、港、澳、台地区美展。
中国画《春恋》入选第七届全国美展（广州），并获湖南展区优秀作品奖。于2013年入编《图说中国当代美术》。

唐楠清
Tang Nanqing

土家族，1986年出生于湖南张家界慈利县，2012年毕业于湖南师范大学美术学院，获文学硕士学位，现为湖南涉外经济学院艺术学院环艺系教师。发表论文《中西方绘画空间表现》《中西传统绘画审美理想差异浅析》。

郭柯兰
Guo Kelan

26岁，硕士，现任教于湖南涉外经济学院。

湖南涉外经济学院艺术设计学院教师，2009年毕业于湖南师范大学美术学院，获学士学位；2012年毕业于湖南师范大学美术学院，获硕士学位。作品曾多次获奖。

彭杨
Peng Yang

1979年生于湖南湘阴，现居长沙。中国美术家协会会员，国家二级美术师，湖南省油画艺委会秘书长。多幅作品参加省级、国家级展览。

熊长虹
Xiong Changhong

汉族，籍贯山东，出生于1982年，硕士，讲师。
山东大学软件工程数字媒体硕士。
湖南涉外经济学院艺术设计学院动画系主任。
湖南卫视栏目包装美术编辑。
长沙影动文化传播有限公司艺术总监。

尹志强
Yin Zhiqiang

汉族，籍贯益阳，出生于1978年，硕士，讲师。长期从事动画教学和动画理论研究，业务精良，实战经验丰富，曾参与省级课题"湖南本土动画的升级版""湖南动漫衍生产品的升值瓶颈及对策研究""基于湖湘传统文化艺术资源整合基础上的湖湘动漫研究"等动画课题的研究，并有多篇论文发表。近几年来，先后主持过南国丽人等大型美容会所、工商银行等项目的设计工作。

王智勇
Wang Zhiyong

刘明
Liu Ming

湖南邵阳人，广州美术学院油画研修班毕业，湖南师范大学美术学院硕士，主要研究方向：动画艺术、数码艺术理论与实践。在《装饰》《艺术百家》《当代电视》等核心期刊发表论文及作品十余篇，主持湖南省教育厅课题一项。

向莹
Xiang Ying

1988年生，湖南师范大学艺术系毕业。现于湖南涉外经济学院动画系专业任教，主攻动画制作与原画设计，出版过《沉默的渔网》《宇翔历险记》。在游戏原画创作方面，为《刀塔传奇》《部落守卫战》《进击的足球》等多款游戏制作原画。

杨刚
Yang Gang

湖南石门人，土家族，1973年生，硕士，副教授。1999年10月至今为湖南涉外经济学院动画系专职教师。2006年9月—2013年5月为湖南涉外经济学院动画系系主任。2011年12月至今为湖南涉外经济学院动画系副教授。2012年6月至今兼职湖南新猎鹰集团猎鹰钢雕艺术工作室主创设计师，从事现代环保钢铁雕塑艺术创作，迄今为止已创作60余件钢铁雕塑，主创制作了长沙橘子洲现代钢铁雕塑艺术公园、常德清水湖钢铁雕塑艺术公园。

郑玮玮
Zheng Weiwei

1982年生。2010年毕业于湖南师范大学美术学院，获硕士学位。现为湖南涉外经济学院艺术设计学院动画教研室专职教师，讲师。兼任长沙润和艺能文化发展有限公司设计总监。

土家族，1985年出生于湖南张家界。2011年赴台湾师范大学设计研究所交流学习，2013年毕业于湖南师范大学设计艺术学数码艺术方向，获文学硕士学位。现为湖南涉外经济学院艺术设计学院动画系教师。发表论文《台湾图画书发展的历史脉络与风格》《思维的碰撞　设计的"交锋"》。

唐嘉
Tang Jia

湖南师范大学美术学院油画专业本科毕业，山东大学软件工程硕士毕业，现任职于湖南涉外经济学院动画系，从事动画专业的理论与实践教学工作。长年从事绘画创作、品牌设计及交互动画创作工作。

涂杰
Tu Jie

湖南师范大学美术学硕士，湖南省美术家协会会员。曾参与MOTO V290、索爱T618等多款手机UI设计，担任《cherryboy》《飞龙在天》等7款手机游戏美术设计，担任《动画设计稿》《动画短片创作》等十二五规划教材副主编；多幅作品发表于《中国油画》《湖南日报》等核心刊物。

雷雨
Lei Yu

36岁，讲师，研究生学历。主讲课程：园林景观设计、工程材料与施工、室内工程预算。

叶烨
Ye Ye

刘红 Liu Hong

研究生，讲师。2005年毕业于长沙理工大学艺术设计专业，2009年获得山东大学硕士学位。现任湖南涉外经济学院艺术设计学院教师。

任皎 Ren Jiao

毕业于湖北美术学院，硕士。从事环境艺术设计专业教学八年，并主持和参与完成长沙理想城售楼部及样板间、托斯卡纳等装饰项目的设计与施工。主持过湖南省社科基金项目、湖南省决策与咨询项目等，发表相关专业论文10余篇。

李红松 Li Hongsong

1978年生于湖南常德，汉族。2001年毕业于湖南师范大学美术学院，2003年于山东大学工程专业研修，获硕士学位。现为湖南涉外经济学院艺术设计学院专职教师，主修室内设计方向。

李莉 Li Li

1980年生，硕士学位，讲师，主要从事环境艺术设计教学。

湖南涉外经济学院艺术设计学院副教授。主要学术方向为环境艺术设计研究。已先后在《民族艺术》《设计艺术研究》《南京农业大学》等各类学术刊物上公开发表论文10余篇；主持省级课题3项；近年来，先后主持多项大型景观设计项目并获得好评。

李麟
Li Lin

1983年生于湖南双峰，山东大学软件工程硕士。
2006年至今在湖南涉外经济学院艺术设计学院工作，主要从事软件运用和软件教学。

李翔宇
Li Xiangyu

1977年生，湖南武冈人，副教授。现任教于湖南涉外经济学院，主要从事环境设计与教学研究。公开发表论文十余篇，主持与参与各类室内外装饰工程项目。

杨元高
Yang Yuangao

毕业于武汉理工大学艺术设计学院，现任教于湖南涉外经济学院艺术设计学院，主要研究方向为艺术设计。已在《装饰》《艺术百家》《美术观察》《艺术教育》《美术大观》《美与时代》等刊物上公开发表学术论文8篇，发表设计作品9件；主持校级课题2项，参与省级课题2项；2013年被评为校级青年骨干教师。

张赛娟
Zhang Saijuan

易锐 Yi Rui

汉族，1973 年生，中国共产党党员，副教授，工程硕士，湖南美协设计家协会理事会员，湖南省青年骨干教师。现为艺术设计学院环境设计系系主任，主要从事环境设计理论及实践运用方面的研究。

周慧 Zhou Hui

1986 年生，湖南岳阳人，本科为西安美术学院综合材料绘画专业；
硕士为山东艺术学院综合材料绘画专业。
作品《斜晖脉脉水悠悠——江南》入选山东省首届水彩、粉画艺术展。
2013 年作品《禁锢与自由》在"中国梦"中国青年美术大展中，荣获最佳创意奖。

胡静 Hu Jing

1979 年生。湖南涉外经济学院艺术设计学院环境艺术专业讲师，从教十多年，立志于不断实践来提升自我的专业能力和专业教学水平。实际项目涉及公寓、大宅、别墅、餐饮、会所、商场。设计着重于硬装与软装的合理搭配。

彭敏 Peng Min

1979 年生，湖南衡阳人，讲师，山东大学硕士。发表学术论文 10 余篇，其中中国艺术类核心期刊作品 1 幅，全国中文核心期刊 3 篇，在国家级艺术类核心期刊发表作品 1 幅，主持厅级课题 1 项，独立指导大学生创新研究课题 1 项，校级课题 2 项，第二主编"21世纪高等院校艺术设计专业规划教材" 2 部。

1978 年生，湖南醴陵人，湖南师大新闻与传播学院本科毕业，硕士毕业于山东大学软件工程数字媒体方向，现为湖南涉外经济学院艺术设计学院讲师，主要从事环境艺术设计、理论科学、文化方面的研究。

谢春国 Xie Chunguo

汉族，现年 37 岁。

教育背景：1995—1999 就读于湘潭大学机械学院，2005—2008 就读于湖南大学设计艺术学院，获硕士学位。

皮智英 Pi Zhiying

2003 年毕业于湖南大学工业设计系，获得工业设计硕士学位。2013 年在意大利米兰著名设计学院 DOMUS 工作半年，并于 2014 年获邀参加米兰设计周，与意方共同完成包括菲亚特汽车设计项目、Alessi 产品开发项目等在内的项目。现为湖南涉外经济学院工业设计系主任，卯丁设计创新机构联合创始人。

向威 Xiang Wei

湖南怀化人，硕士、讲师，湖南涉外经济学院艺术设计学院教师，先后发表论文数篇，主持省厅级课题 3 项，指导省级大学生研究性学习和创新性实验计划项目 1 项，主要研究方向为产品设计。

李银兴 Li Yinxing

肖保英 Xiao Baoying

汉族，1978 年生，籍贯耒阳，硕士研究生，副教授，1998—2002 就读于江西景德镇陶瓷学院陶艺设计专业，全日制本科。2005—2007 就读于中南大学艺术设计学专业，全日制硕士研究生。2003 年至今为湖南涉外经济学院艺术设计学院教师。

罗胤 Luo Yin

讲师，毕业于湖南大学设计艺术学院工业设计专业。自幼热爱艺术，喜欢旅游、阅读，善于观察生活中的美好事物，有较好的设计创意能力。在投身教学的同时积极进行项目实践，曾主持、参与过多个设计项目，作品包括产品设计、导识设计、企业品牌形象规划设计等。

唐艺菱 Tang Yiling

湖南美术家协会会员，湖南涉外经济学院艺术设计学院讲师。2014 年度景德镇三宝陶瓷研究院访问学者。访学期间对景德镇陶瓷艺术进行了系统学习，参与导师主持的各项学术交流活动，并且出访欧洲以及波罗的海三国进行陶瓷学习和文化交流。

刘超祥 Liu Chaoxiang

讲师，国家中级装饰美工，2001 年毕业于湖南师范大学装潢设计系，2009 年获得山东大学工程硕士，湖南设计艺术家协会会员。从业至今获得多个专业奖项，主要从事品牌形象设计与推广、广告设计、书籍设计、包装设计等。2007 年入围第三届中国国际海报双年展，2008 年获"中国之星"设计艺术大赛优秀奖等。

讲师（硕士研究生）
视觉传达设计系副主任
湖南设计家协会会员
湖南晨轩文化传播公司艺术指导
现主要从事视觉传达设计的研究与教学工作

Yang Xuan

杨璇

1979 年生，湖南涉外经济学院艺术设计学院教师，中国钢笔画联盟理事，湖南美术家协会会员，长沙美术家协会会员，湖南设计家协会会员，长沙市钢笔画艺委会常务理事，湖南新猎鹰集团房地产事业部策划总监。

Yang Yu

杨宇

讲师（硕士研究生）
湖南设计家协会会员
湖南摄影家协会会员
现主要从事视觉传达设计的研究与教学工作

Chen Ming

陈明

讲师，2005 年毕业于长沙理工大学艺术设计系，之后赴法国 ESCC 学校继续学习。现任湖南涉外经济学院艺术设计学院教师，主要研究方向：视觉传达方向、陈设艺术等。

Wu Jin

吴晋

教师风采

易波
Yi Bo

讲师（硕士研究生）
湖南设计家协会会员
曾服务于工程机械行业世界前十企业，担任艺术设计总监职务
现主要从事视觉传达设计的研究与教学工作

郑薇
Zheng Wei

湖南省设计家协会会员。
国际平面设计师协会会员。
2007年毕业于湖南师范大学美术学院艺术设计系，硕士研究生，主修平面设计，
2009年创建长沙市岳麓区宁与薇平面设计工作室至今，为政府及大型企业设计制作多个
重要项目。

徐灵芳
Xu Lingfang

毕业于西安美术学院，获硕士学位。
实践：2012.9—2013.9可可鸭童装图案设计。
2013年9月至今任职于湖南涉外经济学院，主教插画设计。
在校期间接的兼职基本上有关插画，本科、研究生毕业设计也是插画。

凌博
Ling Bo

毕业于西安美术学院设计系，2005年任职于湖南涉外经济学院艺术设计学院，主要
研究视觉传达设计课程教学及实践，并创立个人工作室，坚持设计，兼顾绘画。

讲师，2003 年毕业于湖南大学，2009 年获得山东大学软件工程数字媒体领域工程硕士学位，获得中国商业美术设计师的称号，现任湖南涉外经济学院艺术设计学院教师。主要研究方向是视觉传达设计，曾荣获"美育民族魂"第七届全国美育成果展评优秀指导教师奖。

蒋莉 Jiang Li

讲师，湖南人，2004 年毕业于湖南师范大学，2009 年取得山东大学硕士学位，现任职于湖南涉外经济学院。研究方向：视觉传达设计。

彭利娟 Peng Lijuan

副教授，高级工艺美术师，服装高级技师。

发表学术论文近 20 余篇，其中 A 类刊物文章 3 篇；服装设计作品发表在 A 类刊物和国家级期刊上；有中华人民共和国国家著作权证一项；长期与湖南卫视合作，为首届中博会，第四届珠洽会，2007、2008、2009、2010、2011、2012、2013、2014 年湖南卫视春节联欢晚会和第三、第四、第五、第六、第七、第八届中国金鹰电视艺术节开幕式和闭幕式晚会以及汉语桥等节目设计制作了大量的舞台表演服装。指导学生参加第六届中国高校美术作品学年展，多名学生获奖，其个人获得优秀指导教师奖，湖南涉外经济学院艺术设计学院获得团体三等奖。

2013 年起师从台湾中华花艺常定华教授潜心学习中国插花，讲究宾主、阴阳、虚实、有无、轻重、刚柔、大小、明暗等造型形式变化，达到刚柔并济、上下相随、阴阳互生、左右相应、内外相合之境界。

朱旭云 Zhu Xuyun

硕士、讲师，校级青年骨干教师，主要研究方向为服装纸样设计。已主持完成湖南省教改、教育厅科研等多项课题，指导学生完成省、校级大学生创新性实验计划多项；在国内外重要刊物上已发表学术论文 10 余篇，其中 EI 收录 2 篇，A 类核心 1 篇；曾参加校级青年教师教学簇拥活动，荣获一等奖，作品曾荣获简爱家纺设计一等奖。

江成 Jiang Cheng

陈庆菊 Chen Qingju

1968 年生，湖南郴州人，艺术学教授，硕士，中国服装设计协会会员，现任教于湖南涉外经济学院艺术设计学院。曾主持科研项目 6 项，其中主持的湖南省哲学社科基金项目"中国传统图案融入现代服饰艺术的创新研究"，结题鉴定等级为优秀等；先后在国家级、省级刊物上公开发表论文 20 余篇；科研成果通过省级鉴定 1 项；撰写专著 1 部，教材 3 部；在刊物上公开发表设计作品多幅。

陈鹏 Chen Peng

讲师，硕士，毕业于湖南师范大学设计学专业，目前从事服装工程设计与仿真方面的研究，曾主持完成多个服装设计项目、服装仿真教学软件的开发，并主编相关教材两部。研究成果已应用于全国 30 余所中高职服装院校。

邱佳丽 Qiu Jiali

1987 年生，硕士，讲师。毕业于四川师范大学，现任职于湖南涉外经济学院艺术设计学院服装设计与工程系教师。主讲课程"个人形象设计""化妆基础""中外服装史"等，教学实践中注重训练和提升学生的设计思维和动手能力，并多次在教学比武中获奖。近年来发表数篇学术论文。

彭雨 Peng Yu

2004 年郑州轻工业学院服装设计专业毕业，连续 2 年在深圳的天意、季候风等品牌任职设计师，而后辗转广西工学院任教，兼职广西依柔服饰有限公司设计总监。于 2008 年考上东华大学研究生，主修服装营销方向，毕业后在湖南涉外经济学院任教至今。

the national

ART INSTITUTE TEACHING ACHIEVEMENT COMPARISON AND RESEARCH

02

意象之境——史晓楠风景油画作品集

史晓楠 著

作品目录

欢城　150cm×150cm　2009年

荷系列No.1　50cm×50cm　2014年

荷系列No.2　50cm×50cm　2014年

荷系列No.3　50cm×50cm　2014年

荷系列No.4   50cm×50cm   2014年

干花　27cm×35cm　2013年

花卉　60cm×80cm　2013年

郊外一景　80cm×100cm　2014年

老房子　50cm×50cm　2014年

铜钱草　50cm×50cm　2013年

拆迁之前　40cm×60cm　2012年

暴风骤雨　50cm×50cm　2014年

冰峪沟写生　50cm×60cm　2013年

冰峪沟写生　50cm×60cm　2013年

冰峪沟写生　50cm×60cm　2014年

冰峪沟写生　50cm×60cm　2014年

小马屯写生　50cm×60cm　2013年

冰峪沟写生　50cm×60cm　2013年

冰峪沟写生　50cm×60cm　2013年

冰峪沟写生　50cm×60cm　2014年

冰峪沟写生　50cm × 60cm　2013年

冰峪沟写生　50cm×60cm　2014年

冰峪沟写生　50cm×60cm　2012年

小马屯写生　50cm×60cm　2012年

小马屯写生　50cm×60cm　2013年

瓦房店写生　50cm×60cm　2012年

瓦房店写生　50cm×60cm　2012年

小马屯写生　50cm×60cm　2013年

小马屯写生　50cm×60cm　2014年

三架山写生　50cm×50cm　2014年

三架山写生　50cm×50cm　2014年

小马屯写生　50cm×60cm　2012年

心花　40cm×40cm　2009年

雨荷　40cm×40cm　2009年

交响曲·城市的交响　100cm×100cm　2007年

交响曲·海的交响　100cm×100cm　2007年

交响曲·森林的交响 100cm×100cm 2007年

山花　40cm×40cm　2009年

婺源一景　100cm×95cm　2008年

丁香　40cm×40cm　2009年

秋荷　40cm×40cm　2009年

秋雨初霁　40cm×40cm　2009年

夜路　40cm×40cm　2009年

清晨　40cm×40cm　2009年

紫荷　40cm×40cm　2009年

桥　40cm×40cm　2009年

容　55cm×55cm　2008年

溶　55cm×55cm　2008年

融　55cm×55cm　2008年

秩序No.1　50cm×50cm　2008年

秩序No.2　50cm×50cm　2008年

秩序No.3　50cm×50cm　2008年

秩序No.4　50cm×50cm　2008年